W0088083

Am Sabbat ging Moishe zum Rebbe

Salcia Landmann

Am Sabbat ging Moishe zum Rebbe

mit Illustrationen von
Ephraim Mose Lilien

neu zusammengestellt von
Christian Machalet

Benziger Verlag

Die Deutsche Bibliothek – CIP-Einheitsaufnahme

Ein Titeldatensatz für diese Publikation ist bei der Deutschen
Bibliothek erhältlich.

© 2002 Patmos Verlag GmbH & Co. KG
Benziger Verlag, Düsseldorf und Zürich
Alle Rechte, einschließlich derjenigen des auszugsweisen
Abdrucks sowie der fotomechanischen und elektronischen
Wiedergabe, vorbehalten.
Umschlaggestaltung: Groethues & Consorten
Satz: KompetenzCenter, Düsseldorf
Druck und Bindung: fgb · freiburger graphische betriebe
ISBN: 3-545-20209-7

Inhalt

Das möcht wohl logisch sein

Ein russischer Jude kommt in eine kleine deutsch-jüdische Gemeinde und wundert sich, wie klein das Bethaus ist.

»Da geht doch niemals die ganze Gemeinde hinein!« sagt er zum Schammes (*Synagogendiener*).

Dieser erklärt: »Nun: würde je die ganze Gemeinde hineingehen, so würde sie natürlich niemals hineingehen. Da aber nie die ganze Gemeinde hineingeht, geht die ganze Gemeinde ohne weiteres hinein.«

Am Sabbat kommt Nachman zu Schmul – was sieht er? Schmul sitzt splitternackt am Tisch, hat auf dem Kopf den Hut und studiert den Talmud.

»Schmul! Was sitzest du da ganz ohne Kleider?«

»Ach, ich dachte, bei der Hitze kommt niemand.«

»Aha. Und wozu hast du den Hut aufgesetzt?«

»Nun – ich dachte: am Ende kommt vielleicht doch jemand.«

7

Der verwitwete Rabbi will wieder heiraten. Der Sohn wirft ihm vor: »Dein Kollege in Lublin ist auch Witwer. Er hat aber erklärt, daß er von jetzt an nur noch mit der Tora verheiratet sein will.«

Der Rabbi: »Nu also – wenn jener mit der Tora verheiratet ist – was willst du dann von mir? Es heißt doch ausdrücklich: ›Nach dem Weibe deines Nächsten soll dich nicht gelüsten.‹«

Ein Bürger: »Rabbi, Ihr müßt Eure Tora-Studenten besser in Zucht halten. Ich habe gesehen, wie sie mit Mädchen in den Feldern herumspazieren.«

Rabbiner: »Na und? Das tun doch andere Burschen auch!«

Der Bürger: »Aber Rabbi! Andere Burschen studieren doch nicht die heiligen Schriften!«

Rabbiner: »Also mit anderen Worten: Ihr werft meinen Studenten vor, daß sie die Tora studieren?!«

Der reichste Jude des Städtchens ist hart und geizig. Der Rabbi redet ihm ins Gewissen, er müsse Mitleid haben. Der reiche Mann verspricht, sich zu bessern … In einer eisigen Winternacht klopft ein Bettler an die Fensterläden und klagt, er sei am Erfrieren und Verhungern.

»Nebbich, nebbich«, klagt der Reiche mit.

Die Frau mahnt: »So laß ihn doch schon endlich herein.«

Der Reiche: »Blöde Gans, der Rabbi hat mir befohlen, Mitleid zu fühlen. Laß ich den Mann herein, so geht es ihm gut, und wozu braucht er dann noch mein Mitleid?«

»Ihr Sohn hat uns tausend Rubel für die neue Synagoge gespendet – und Sie wollen uns nur hundert Rubel geben?«

»Mein Sohn kann sich das leisten. Er hat einen sparsamen Vater. Ich aber habe nur einen leichtsinnigen Sohn.«

Ein Chassid kommt in ein galizisches Städtchen. Nachdem er die Geschäfte erledigt und das Abendgebet gesprochen hat, will er die Nacht mit »fröhlichen« Mädchen verbringen. Er weiß aber nicht, wo sich das »Haus« befindet. Und fragen – wie paßt das zu einem feinen Juden mit Bart und Pejess?

Er denkt nach, dann fragt er einen vorbeigehenden Juden:

»Sagt nur, Vetter, wo wohnt der Rabbi?
Er soll leben!«

Der Jude deutet auf das Haus des Wunderrabbi.

»Oh weh! Oh weh!« wundert sich der Chassid. »Der Rabbi wohnt direkt neben dem Bordell?!«

Der Jude antwortet voller Zorn:

»Bist du denn meschugge?! … Der Rabbi wohnt doch gleich hier, und das öffentliche Haus, schau, das ist dort drüben!«

Ein reicher Jude kommt am Freitagabend mit einem ärmlichen durchreisenden Kaufmann in der Synagoge ins Gespräch, lädt ihn über Sabbat zu sich ein, und da sich beide gut verstehen, hält er ihn volle acht Tage bei sich als Gast. Schließlich beharrt der Kaufmann auf der Abreise – da präsentiert ihm sein Gastgeber eine Rechnung von zwanzig Rubel! Der arme Kaufmann ist außer sich: das ist weit mehr, als er in einem Hotel hätte zahlen müssen! Und er blieb ja nur, weil er so zudringlich eingeladen wurde!

Sie gehen beide zum Rabbi. Der Rabbi überlegt: Was geht ihn der Durchreisende an? Dagegen der andere, der ist Gemeindemitglied und reich. Warum soll er ihn verärgern? Und also verurteilt er den Fremden zur Zahlung ...

Der Fremde zahlt und verläßt den Raum, das Herz voll von Bitterkeit. Da kommt ihm sein Gastfreund nachgelaufen und gibt ihm das Geld zurück. »Ich wollte«, erklärt er dem Erstaunten, »Euch nur zeigen, was für eine Sorte von Rabbiner wir in unsere Gemeinde haben«.

Der Vater beklagt sich beim Rabbi über den eigenen Sohn: »Wo er ein Stück Schweinefleisch erwischt, beißt er hinein, und wo er eine Schikse *(christliches Mädchen aus einfachem Stande)* sieht, küßt er sie!«

Der Sohn wird vor den Rabbi zitiert und rechtfertigt sich: »Rabbi, ich kann nichts dafür, ich bin nebbich meschugge.«

Darauf der Rabbi: »Unsinn! Wenn Ihr das Mädel beißen und das Schweinefleisch küssen würdet, dann wäret Ihr meschugge. So aber seid Ihr ganz in Ordnung!«

»Nu, Jossl, hast du am Jom Kippur wirklich den ganzen Tag nicht gegessen?« fragt der Rabbi.

»Bin ich e Vieh, daß ich soll den ganzen Tag essen?«

»Bitte, helfen Sie mir! Ich war bei einer Wanderkapelle, nun hat sie sich aufgelöst, und ich sitze ohne einen Heller hier in der fremden Stadt. Ich bin ein notorischer Pechvogel.«

Rabbi, mißtrauisch: »Welches Instrument spielen Sie?«

Der Schnorrer denkt lange nach und erklärt dann: »Oboe.«

Der Rabbi öffnet den Schrank, zieht eine Oboe hervor und sagt: »Spielen Sie mir etwas vor!«

Der Schnorrer: »Da sehen Sie nun selber, daß ich Ihnen die Wahrheit gesagt habe und daß ich wirklich ein Pechvogel bin: müssen Sie ausgerechnet eine Oboe besitzen!«

Warum verneigen sich gelehrte Männer vor dem Geld, nicht aber reiche Männer vor armen Gelehrten?

Weil die Gelehrten und Weisen den Wert des Geldes kennen, die Reichen aber kennen den Wert der Bildung nicht.

Bejnisch Silberkrop, ein reicher Emporkömmling, hatte den Ruf eines großen Wohltäters. Einmal im Monat pflegte er selber Almosen auszuteilen, fünfzig Groschen für jeden Bettler.

Einmal trifft es sich aber, daß ein armer Gelehrter zu ihm kommt, da reicht ihm Reb Bejnisch zwanzig Groschen.

Natürlich ist der »feine« Jude beleidigt und fragt:

»Ich verstehe das nicht! Einem Bettler gebt Ihr fünfzig Groschen und einem Talmudgelehrten zwanzig?!«

»Was ist da nicht zu verstehen? Selber ein Bettler zu werden, davor bin ich niemals sicher. Aber ein Talmudgelehrter zu werden, davor bin ich auf ewig sicher ...«

»Wenn du auf der Straße zehntausend Rubel fändest – würdest du sie behalten oder abliefern?«

»Das kommt darauf an. Wenn der reiche Rothschild das Geld verloren hätte, würde ich es behalten. Wenn es aber dem armen Schammes gehören würde, der täglich dreimal mit Weib und Kindern Hungers stirbt, dann würde ich es bestimmt zurückgeben!«

Der Weg ist steil. Der Rabbi ist aus Mitleid zu dem Pferd vom Wagen geklettert.

»Rabbi«, sagt der Kutscher, »mein Pferd ist verpflichtet, Euch auch bergauf zu ziehen!«

Der Rabbi: »Ich weiß, daß ich vor Gericht gegen dein Pferd gewinnen würde. Aber ich prozessiere nicht mit einem Pferd.«

Ein jüdischer Soldat hat sich in der zaristischen Armee ausgezeichnet. Nun darf er zur Belohnung frei wählen zwischen dem Georgskreuz oder hundert Rubeln.

Der Jude: »Wieviel ist das Georgskreuz wert?«

Offizier: »Das ist eine sinnlose Frage. Das Kreuz ist höchstens einen Rubel wert. Es handelt sich hier um die Ehre.«

Jude: »Ja, das verstehe ich. Also geben sie mir … neunundneunzig Rubel und das Kreuz.«

In Bad Ischl wurde dem Kaiser Franz-Joseph ein Rabbiner vorgestellt. Der Kaiser fragte leutselig: »Haben Sie Söhne?«

Rabbiner: »Gott sei dank, ja, Majestät.«

Kaiser: »Haben Ihre Söhne gedient?«

Rabbiner: »Gott sei dank, nein, Majestät.«

Mojsche soll zur Musterung gehen: ob der Rabbi ihm nicht einen Rat geben könne, damit er ›untauglich‹ geschrieben werde? Der Rabbi rät ihm, sich alle Zähne ziehen zu lassen.

Einige Tage später sieht er sich einem erbosten Mojsche gegenüber.

»Einen schönen Rat hast dir mir gegeben!«

»Wieso denn? Bist du nicht ›untauglich‹?«

Das schon, aber wegen die Plattfüß'!«

Zwei Juden stapfen stumm durch den Schnee, die Hände tief in den Taschen vergraben.

»Was ist? Warum redste nix? Biste krank?«

»Nu – soll ich mer verfriere die Händ?«

In der Instruktionsstunde wird der Rekrut Bär gefragt: »Was machen Sie, wenn es heißt: ›Freiwillige vor!‹?«

Darauf Bär: »Ich trete beiseite, damit die Freiwilligen vor können.«

Im Ersten Weltkrieg besichtigt ein Leutnant am Samstag die berühmte Synagoge eines kleinen Ortes in Galizien. Danach sagt er zum Schammes (*Synagogendiener*): Ich würde dir ja gerne Geld geben – aber am Schabbes darfst du es ja nicht anrühren.«

Darauf der Schammes: »Nu, Herr Laitnant-leben, Gott der Gerechte, er mecht froh sein, wenn im Krieg die Lajt täten nichts Ärgeres als nehmen Geld am Schabbes!«

Der General kommt zum Rebben und bittet um Rat, weil er fürchtet zu verlieren seinen Krieg. Sagt der: »Da gibt es zwei Möglichkeiten, Schlauheit oder Wunder.«

»Und worauf würdet Ihr vertrauen?« fragt der General.

»Auf ein Wunder.«

»Ist es nicht besser, es zu versuchen mit Schlauheit?«

»Wenn *Ihr* würdet gewinnen den Krieg mit Schlauheit, wäre das nicht auch ein Wunder?!«

Ein jüdischer Lehrer las mit den Kindern in Sowjetrußland alte russische Tierfabeln. Er deklamierte: »… und Gott schenkte dem Raben ein Stück Käse.«

Schüler, drohend: »Es gibt keinen Gott!«

Der Lehrer erschrak. Dann aber faßte er sich und sagte: »Na, und Käse? Gibt es etwa Käse? Du siehst doch: es ist beides nur symbolisch gemeint, Gott sowohl wie Käse.«

Der Versicherungsagent: »Mein Freund, versichern Sie sich gegen Unfall! Wenn Sie eine Hand brechen, bekommen Sie von uns 5 000 Kronen ausgezahlt. Wenn Sie ein Bein brechen, zahlen wir sogar 10 000 Kronen … Und wenn Sie gar das Genick brechen, dann sind Sie ein gemachter Mann!«

Zu einem jüdischen Händler in Vögeln und Kleintieren in Lwów kommt ein Kunde: »Ich will einen schönen Vogel, aber einen Sänger!«

In einem Käfig singt ein Kanarienvogel um sein Leben, so laut und so schön. Er gefällt dem Käufer. Plötzlich aber stellt fest: »Der hat ja nur ein Bein!«

Verkäufer, verärgert: »Nu bittschön, sagen Se mer genau, was wollen Se haben: ä Sänger oder ä Tänzer?«

Der alte Kohn, sehr aufgeregt zu seinem Sohn:

»Ich verstehe absolut nicht, wieso du pleite bist. Du hast erst voriges Jahr fünfzigtausend Gulden Mitgift bekommen. Nehmen wir an, die Einrichtung hat euch zehntausend gekostet, fünftausend wirst du Schulden von früher her gehabt haben, fünftausend habt ihr für euch verbraucht – bleiben doch immer noch dreißigtausend!«

Der junge Kohn: »Und Geschäfte habe ich wohl keine gemacht?«

Herr von P. handelt mit Jankl um ein Arbeitspferd. Er schaut das Tier genau an und sagt: »Sie müssen den Preis reduzieren, der Wallach ist ja blind auf einem Auge!«

Darauf Jankl: »Gott der Gerechte, Herr Baron! Was soll tun das Pferd? Soll es arbeiten oder lesen die Zeitung?«

»Wieso kosten bei Ihnen die Heringe
40 Kreuzer das Stück, Herr Kohn? Der
Lefkowitsch gegenüber verkauft sie zu 20!«

»Dann kaufen Sie bei Lefkowitsch!«

»Ja – aber im Augenblick hat er keine
Heringe mehr.«

»Gut: wenn ich keine mehr haben werde,
dann wird bei mir das Stück auch 20 Kreuzer
kosten.«

Kommerzienrat Levy feiert das fünfzig-
jährige Bestehen seiner Firma und sagt zu
seinem Prokuristen Kohn:

»Hören Sie zu, ich möchte gern feiern
das Jubiläum meiner Firma. Es soll auffallen,
meine Angestellten sollen sich freuen, aber
kosten darf es nichts.«

Kohn: »Herr Kommerzienrat, hängen
Sie sich auf! Das fällt auf, es kostet
nix, und ihre Angestellten freuen sich.«

Mojsche kommt zum Rebben: »Rebbe, ich fühle mich vom Geheimdienst beschattet. Was soll ich bloß für Schritte unternehmen?«

Der Rebbe, ohne aufzusehen: »Große, Mojsche! Sehr große!«

»Kahn und Levy haben ein Geschäft abgeschlossen.

»Wollen wir jetzt den Vertrag aufsetzen?«

»Vertrag? Wozu? Wird die Ware steigen, dann wirst du sie nicht liefern. Und wird sie fallen, dann werde ich sie nicht übernehmen.«

Jüdischer Kaufmann schreibt an seinen Grossisten: »Bitte mir umgehend drei Stück grünen Polsterstoff, Satin, zu schicken.

Postskriptum:

Meine Frau sagt mir soeben, daß von allem noch genügend vorhanden ist. Schicken Sie mir also nichts.«

»Ich bin momentan sehr in der Klemme.«

»Nun, Gott wird helfen!«

»Sicher! Leihen Sie mir inzwischen fünf Rubel darauf!«

Der arme Dorfjude hat seinen nicht minder armen Verwandten in der Stadt besucht. Dabei sieht er zum erstenmal ein Bankinstitut, und er will wissen, was das ist.

»Weißt du«, erklärt der Vetter, »die haben nicht eine bestimmte Ware. Hier kann man nur einfach Geld bekommen.«

Der Dorfjude wundert sich: »Also wenn wir da hineingehen, dann werden sie uns mir nichts, dir nichts Geld geben?«

Der Vetter, seufzend: »Ja, da kannst du ganz sicher sein, sie werden mir nichts und dir nichts geben.«

»Herr Kommerzienrat, ich bring' Ihnen da meinen Vetter. Es geht ihm schlecht. Er hungert.«

Der Kommerzienrat wirft beide hinaus, ohne ihnen etwas zu geben. Zwei Minuten später steht der eine wieder vor ihm und mahnt: »Wo bleibt meine Provision?«

Kommerzienrat, verwundert: »Provision? Wofür in alle Welt?«

»Nu – wenn Sie meinem Vetter etwas gegeben hätten, hätte ich meine Provision von *ihm* bekommen. Sie haben ihm aber nicht gegeben, so haben Se gemacht e gutes Geschäft, und also bekomm ich Provision von *Ihnen*.

Kohn zum Rebbe: »Stell dir vor! Wie ich unerwartet aus der Sommerfrische heimkomm, liegt unser Kinderfräulein im Bett meiner Frau! Ich nehm leise Kissen und Decke und leg mich im Eßzimmer auf den Diwan. Was sagst du dazu?«

Rebbe: »Genauso hätt ich die Geschichte auch erzählt!«

Lewy bestellt bei Kahn Ware. Kahn schreibt: »Solange Sie die alte Faktura nicht bezahlt haben, muß ich die Ordre refüsieren.«

Darauf Lewy: »Da ich nicht so lange warten kann, muß ich die Ordre anderweitig plazieren.«

»Stell dir vor: das Steueramt liquidiert!«

»Was soll das heißen?«

»Nu ja, ich hab' eine Aufforderung gekriegt, und da steht schwarz auf weiß: Letzte Mahnung.«

»Ich zahle die Hälfte in bar und die Hälfte in Wechseln.«

»Die Wechsel nehm' ich nicht, die sind mir zu unsicher.«

»Was heißt unsicher? Die sind sicherer als das Geld! Das Geld haben Sie schon morgen ausgegeben – dagegen meine Wechsel – die bleiben Ihnen und sogar noch Ihren Kindern und Kindeskindern!«

»Wie kommt es, daß Goldberg dich zum Kompagnon genommen hat? Du hast doch keinen Kreuzer Geld!«

»Nun ja – er hat das Geld, ich die Erfahrung.«

»Bald wirst du das Geld haben – und er die Erfahrung.«

»Wo warst du die letzten sechs Monate?«

»Verreist.«

»Warum hast du nicht Berufung eingelegt?«

In Neutra, einem als Ganovennest verschrie-enen Ort, bemerkte einmal der Rabbiner während des Gottesdienstes, daß der neben ihm stehende Gabbai, der *Synagogenvorstand*, plötzlich erbleichte.

»Ist dir schlecht?« flüsterte der Rabbiner ihm zu.

»Nein, aber mir kam soeben in den Sinn, daß ich vergessen habe, daheim Kasse und Haustür abzuschließen.«

Der Rabbiner warf einen kurzen zählenden Blick über die Gemeinde und sagte be-ruhigend: »Du brauchst keine Angst zu haben: Sie sind alle hier!«

Zu Baron, dem ersten Direktor des Berliner Varietés Wintergarten, sagte der bekannte Geldmann Ehrlich spöttisch: »Apropos – *sind* Sie Baron, oder *heißen* Sie bloß so?«

Darauf Baron: »Ich bin ebenso Baron, wie Sie sind ehrlich.«

Ein Neffe aus Neutra besucht seinen Onkel in Budapest, logiert auch bei ihm. Einmal, als der Neffe von einem Ausgang nach Hause kommt, sieht er, wie der Onkel vor seinem – des Neffen – Koffer kniet und ein zweites Schloß daran befestigt.

»Aber Onkel«, fragt der Neffe verwundert, »der Koffer ist doch bereits abgeschlossen, da kann ja keiner was rausnehmen!«

»Ich fürchte nicht, daß jemand wird was rausnehmen«, erklärte der Onkel, »ich fürchte umgekehrt, daß jemand könnte noch etwas reinlegen ...«

Simon und Moritz waren zusammen im Theater. Als sie herauskommen, gibt Simon der Garderobenfrau zwanzig Pfennig, Moritz eine ganze Mark.

Simon: »Bist du verrückt geworden?«

Moritz: »Pst! Schau dir an den Pelz, den sie mir gegeben hat!«

»Ich habe mich soeben gegen Feuer, Diebstahl und Hagel versichert.«

»Feuer und Diebstahl – das verstehe ich. Aber wie machst du Hagel!?«

»Sie behaupten, Sie hätten die dreihundert Rubel bezahlt? Der Kläger bestreitet es. Können Sie schwören?«

Der Angeklagte: »Ich glaube, Herr Richter.«

Richter: »Nein, so können Sie nicht schwören, sondern entweder ›Ich habe bezahlt‹ oder ›Ich habe nicht bezahlt‹.«

Der Angeklagte, beglückt: »Ja, genauso möchte ich schwören!«

»Sie haben den Grünblatt der Funderunter-schlagung bezichtigt!«

»Aber nein! Ich hab' nur gesagt: Wenn der Grünblatt mir nicht geholfen hätt' beim Suchen, hätt' ich die Brieftasche vielleicht wiedergefunden!«

»Angeklagter Rosenbaum, zufällig kenne ich mich in den jüdischen Gesetzen ein wenig aus: Sie sind ein Obersünder. Nicht nur haben Sie gestohlen, sondern Sie haben obendrein an einem Sabbat gestohlen.«

Rosenbaum: »Herr Richter – ich bin nicht orthodox.«

»Angeklagter Grün, Sie haben zu Herrn Blau gesagt, er sei nicht einmal wert, daß ihn der Teufel hole. Sie müssen Abbitte leisten!«

Grün: »Gut, ich nehm's zurück. Ich geb' zu: Er ist es wert, daß ihn der Teufel holt!«

»Zeuge, Ihr Name?«

»Mojsche Leibowitz.«

»Konfession?«

»Inbegriffen, Herr Richter.«

Moses Rosenfeld, Textilien en gros, hat sich taufen lassen und heißt jetzt Max Rosen.

Bei einem gerichtlichen Verhör fragt ihn der Richter:

»Sie heißen Moses Rosenfeld?«

»Mit Verlaub, nein, ich heiße jetzt Max Rosen.«

»Schön, und Sie sind mosaischen Glaubens?«

»Mit Verlaub, nein!« beteuert der Angeklagte: »*Die* Religion betreibe ich schon lange nicht mehr!«

Der Jahrestag des Todes des Vaters ist zufällig ein Sabbat. Der Sohn spricht den Kaddisch, das Totengebet, in der Synagoge, dann geht er ins koschere Restaurant, ißt Kugel, eine fette Sabbatspeise, und sagt zum Kellner: »Bringen Sie noch eine zweite Portion! Mein Vater, er ruhe in Frieden, hat es verdient!«

Bei der amerikanischen Armee war Pokern verboten. Die drei Armeegeistlichen – der katholische, der protestantische und der Rabbiner – haben es trotzdem getan und sollen sich vor Gericht verantworten.

Der Katholik: »Ich schwöre bei der heiligen Maria, ich habe nicht gepokert!«

Der Protestant beruft sich auf Martin Luther und schwört ebenfalls, nicht gepokert zu haben.

Da wird der Rabbiner zum Eid aufgerufen. »Wozu?« fragt er, »Herr Richter; kann ich denn mit mir allein pokern?«

Ruben und Nuchim haben gemeinsam einen Fisch bestellt. Nuchim teilt den Fisch und nimmt sich das größere Stück.

»Pfui«, sagt Ruben, »wenn ich zwei ungleiche Teile gemacht hätte, dann hätte ich mir das kleinere Stück genommen.«

»Nu also, was willst du denn«, meint Nuchim achselzuckend, »du *hast* ja das kleinere Stück.«

Der alte Nachtlicht geht tief besorgt umher.

»Eine böse Geschichte«, sagt er zum Bekannten, »ich habe meine Tochter verlobt und zehntausend Mark Mitgift versprochen – morgen ist Hochzeit, und es fehlt mir von der Mitgift die Hälfte.«

»Na und? Man gibt ja ohnehin immer nur die Hälfte!«

»Genau *die* Hälfte fehlt mir eben.«

»Sag mal, Menasse, warum sind am Totenbett nur zwei Säulen – und an der Chupe, dem Traubaldachin, vier?«

»Weil auf dem Totenbett nur einer begraben wird und unter der Chupe zwei.«

Menasse hat in ein respektables Unternehmen eingeheiratet.

»Herr Menasse«, fragt der Rabbi, »haben Sie eigentlich aus Liebe oder aus Vernunft geheiratet?«

»Nu: das Geschäft aus Liebe, die Frau aus Vernunft.«

Die Tochter des reichsten Juden von Neustadt hat sich verlobt. Der Heiratsvermittler des Städtchens trifft den Vater des Mädchens und sagt mit leisem Vorwurf: »Und an Euren alten Schadchen habt Ihr nicht gedacht?«

»Ihr braucht nicht gekränkt zu sein«, tröstet der Vater, »diese Partie ist durch Amor selber vermittelt worden«.

»Amor?« sagt der Schadchen eifersüchtig, »Amor? Habe nie von ihm gehört. Es muß einer aus Bromberg sein.«

Ein reicher, aufgekommener Jude suchte für seine Tochter einen passenden Bräutigam. Er ließ den Schadchen zu sich kommen und befahl:

»Der junge Mann muß zugleich fromm und geschäftstüchtig sein.«

Der Schadchen brachte einen Kandidaten. Der Schwiegerpapa in spe begann ihn zu examinieren: »Wenn du am Schabbes einen Beutel mit Geld fändest – was würdest du tun?«

Der junge Mann denkt eine Weile nach, dann sagt er mit einem Seufzer: »Da unser Gesetz am Schabbes das Berühren und Tragen von Geld verbietet, würde ich den Beutel liegenlassen.«

»Das ist kein passender Schwiegersohn für mich«, erklärt der reiche Jude, »er ist nicht geschäftstüchtig.«

Der Schadchen bringt einen zweiten Kandidaten. Er bekommt die gleiche Frage vorgesetzt und antwortet flink: »Es ist zwar verboten – aber ich würde das Geld nicht liegenlassen!«

»Der junge Mann ist nicht fromm«, sagt der Jude streng.

Der Schadchen bringt einen dritten Kandidaten. Als er die Prüfungsfrage hört, lächelt er: »Was sollen wir uns den Kopf zerbrechen? Erst finden, dann wollen wir sehen!«

»Dies ist der richtige junge Mann!« sagt der alte Jude erfreut.

Es ist Sitte, daß die Braut unter der Chupe weint.

Darum flüstert die Mutter sehr nervös zu ihrer Tochter:

»Warum fängst du nicht an zu weinen?«

Die Tochter, trocken: »Warum soll *ich* weinen? Er hat mehr Grund dazu. Soll *er* doch weinen!«

Rabbi: »Die Scheidung kostet fünfzig Rubel.«

Der Jude, entsetzt: »So teuer?«

Rabbi, seufzend: »Wieso ist das teuer? Scheiden Sie mich von meiner Frau – und ich zahle Ihnen das Zehnfache.«

Chef zum Kassierer: »Man hat mir hinterbracht, daß du aus meiner Kasse stiehlst!«

Kassierer: »Nu? Soll ich bei *Euch* als Kassierer arbeiten und gleichzeitig bei einem *andern* aus der Kasse stehlen?«

Sara, in Schmuck und Balltoilette, dreht sich kokett vor dem Spiegel:

»Du mußt doch zugeben, Isidor, hübsch bin ich noch immer, nicht?«

Isidor: »Recht hast du. Hübsch bist du noch immer nicht.«

Eine Frau: »Rabbi, ich fürchte, ich werde einen großen Schaden haben. Unser Mädchen ist in den vollen Milchkessel gefallen. Ist die Milch jetzt noch koscher?«

Der Rabbi: »Die Milch – trefe *(rituell unrein)*. Das Mädchen – koscher.«

»Rebbe, meine Kinder sind alle schwach begabt!«

Der Rebbe denkt nach und rät: »Rühr deine Frau nicht mehr an!«

Nach einem Jahr: »Rebbe, Euer Rat war schlecht! Meine Frau hat mit dem Hausarzt ein Verhältnis angefangen!«

Der Rebbe: »Siehst du! Bald wirst du begabte Kinder haben!«

Rabbi: »Man sagt, daß Ihr Schweinefleisch eßt. Das ist genau, als würdet Ihr Ehebruch begehen!«

Der Sünder: »Unsinn! Ich habe beides ausprobiert: Das ist doch gar kein Vergleich!«

Eine Mutter weint: Ihre Tochter hat fünf Monate nach der Hochzeit ein Kind bekommen! »So zur Unzeit!« zetert die Mutter.

Die Nachbarin tröstet: »Beruhigt Euch! Ein zweites Mal kann ihr das nicht passieren!«

Der alte Mendelssohn fühlt sein Ende nahen und sagt zu seiner Frau Rebekka: »Du weißt doch, wie es mit mer steht. Tu mer den Gefallen, zieh dir an dein grienseidens Kleid, mach dir rote Fingernägel, setz dir auf deine Brillanten.«

»Aber Mendelssohn! Biste verrückt geworden? Was soll ich mer jetzt anziehen ein grienseidens Kleid, und was soll ich jetzt mit de Brillanten?«

»Rebekka, tu mer den Gefallen!«

Rebekka geht hinaus und rauscht nach einer halben Stunde wieder herein im grünseidenen Kleid, mit roten Fingernägeln und Brillanten an beiden Händen.

Daraufhin Mendelssohn: »Rebekka, du bist e hübsche Frau, du bist e schene Frau. Wenn der Herrgott jetzt kommt, mich zu holen – vielleicht nimmt er lieber dich!«

Eine junge jüdische Tochter wird schwanger. Die entsetzten Eltern wollen den Namen des Schuldigen wissen – das Mädchen bezichtigt den alten frommen Rabbiner!

Dieser erfährt es und zitiert das Mädchen herbei.

»Nie im Leben habe ich dich auch nur gesehen«, sagt er zu ihr, »wie kannst du mich so verleumden!«

»Und doch ist es wahr, Rabbi«, beharrt das Mädchen, »vor etlichen Monaten war meine Tante bei Euch, weil sie kinderlos ist. Ihr habt ihr Jordanwasser in einem Fläschen gegeben und gesagt, wenn sie es trinkt, wird es helfen. Und von diesem Fläschen habe ich aus Neugier genippt …«

»Aber Kind«, belehrt der erleichterte Rabbiner, »weißt du nicht, daß da auch noch ein Mann dabeisein muß?«

»Ja – fehlt es etwa an Männern in unserer Stadt?« fragt das Mädchen verwundert zurück.

Altes Rußland. Ein Jude und eine Jüdin lernen sich in der Bahn kennen. Beide wollen für einen Tag nach Moskau. Aber die Fahrt ist lang und ermüdend, und sie beschließen, auf einem Provinzbahnhof auszusteigen und zu übernachten. Der Mensch ist schwach – in der Nacht kommt zwischen den beiden Unstatthaftes vor, und am Morgen haben beide Gewissensbisse.

»Mach dir keine Sorgen«, beruhigt der Mann. »In Moskau gehe ich zum Rabbi und bitte ihn, mir eine Buße aufzuerlegen.«

Am übernächsten Tage treffen sich die beiden wieder auf dem Bahnhof in Moskau. »Warst du beim Rabbi?« fragt die Frau.

»Ich war beim Rabbi.«

»Hat er dir eine Teschuwe *(Reue, Buße)* auferlegt?«

»Ja. Er hat befohlen, ich müsse für das Bet-Hamidrasch *(Bet- und Lernhaus)* ein Kilo Wachslichter spenden.«

»Hast du es getan?«

»Ich habe sogar zwei Kilo gespendet.«

»Warum *zwei* Kilo?«

»Nu – und wo bleibt die Rückfahrt?!«

Sterbende Gattin: »Ich kann das Geheimnis nicht mit ins Grab nehmen. Ich gestehe: Der Isaak ist nicht von dir.«

»Unsinn! Von wem soll er denn sein?«

»Von unserm Prokuristen Hirschfeld!«

»Ich glaube kein Wort davon! Ein so schöner Mensch wie Hirschfeld und ein Menuwel *(Ekel)* wie du?«

»Ich habe ihm zweitausend Franc gegeben.«

»Wie ist das möglich? Woher hast du das Geld genommen?«

»Aus deiner Kasse.«

»Na also: doch mein Kind!«

Die Welt ist voller Rätsel

Von einem chassidischen Wunderrabbi ging die Sage, daß er jeden Morgen vor dem Frühgebet zum Himmel emporsteige. Ein Mitnaged, ein Gegner des Chassidismus, lachte darüber und legte sich auf die Lauer, um selber festzustellen, was der Rabbiner vor Morgengrauen wirklich trieb.

Da sah er: der Rabbi, verließ, als ukrainischer Holzknecht verkleidet, sein Haus und ging zum Wald. Der Mitnaged folgte von weitem. Er sah den Rabbi ein Bäumchen umhauen und in Stücke hacken. Dann lud sich der Rabbi das Holz auf den Rücken und schleppte es zu einer armen, kranken, einsamen Jüdin. Der Mitnaged blickte durch das Fensterchen: drin kniete der Rabbi am Boden und heizte ein …

Als die Leute nachher den Mitnaged fragten, was es mit des Rabbis täglicher Himmelfahrt auf sich habe, sagte er still: »Es stimmt. Er steigt noch höher als zum Himmel.«

Der Kutscher fuhr den Rabbi übers Land und klagte über die Ungerechtigkeit der Welt: ihm, dem Rabbi, wurden überall Ehren und Geschenke angeboten. Ihn, den armen Kutscher, achtete man weniger als einen Hund.

Der Rabbi tröstete den Kutscher, solche Ehren seien durch jahrelange schwere Studien erkauft. »Du würdest«, meinte er, »meine Rolle keine Stunde lang spielen können oder wollen.«

Der Kutscher schlug dem Rabbi vor, sie möchten zur Probe die Kleider tauschen. Der Rabbi war einverstanden.

Sie zogen also mit vertauschten Gewändern in der nächsten Stadt ein. Der Kutscher-Rabbi wurde umschwärmt, der Rabbi-Kutscher saß unbeachtet in der Ecke. Da sagte ein würdiger Jude zum vermeintlichen Rabbi: »Hier ist eine Talmudstelle, über die wir uns streiten. Ihr werdet sie uns erklären können.«

Der Kutscher herablassend: »So etwas bereitet euch Schwierigkeiten? In unserer

Stadt ist der einfachste Mann einer solchen
Frage gewachsen. Ich will es euch beweisen.
He, Kutscher, komm her, und erkläre den
Herren diese Stelle!«

»Als wir gestern in der Kutsche durch den
Wald mußten, sind uns mindestens hundert
Wölfe nachgejagt.«

»Wirklich hundert Wölfe?«

»Na – und wenn es nur fünfzig oder
meinetwegen nur zwanzig waren – genügt
Ihnen das nicht?«

»Waren es denn zwanzig?«

»Ich verstehe Sie nicht. Kommt es auf die
Zahl an? Ist nicht schon ein einziger Wolf
sehr unheimlich?«

»Ja – und war da wirklich ein Wolf?«

«Nu – was soll denn sonst im Gebüsch so
gebrummt haben?«

Die Lehrerin in einer Schule der Sowjet-
union: »Kinder, wer von euch weiß, was
eine ›Tragödie‹ ist?«

Iwan: »Gestern hat sich mein Schwesterchen
die Nase aufgeschlagen.

Da hat Mama geschrien: ›Was für eine
Tragödie!‹«

»Unsinn. Das ist keine Tragödie, das ist ein
Unfall.«

Matwej: »Meine Großmutter wurden die
Pantoffeln gemaust. Da hat sie geschrien:
›Was für eine Tragödie!‹«

»Das ist bloß Pech. Aber keine Tragödie.«

Alexej: »Gestern wurde eine Frau auf der
Straße überfahren. Da hat ein Herr gestöhnt:
›Ach, was für eine Tragödie!‹«

»Das ist ein Unglück. Nicht eine Tragödie.«

Der kleine Moische: »Stalins Tod. Das ist
eine Tragödie.«

Die Lehrerin: »Richtig! Woher weißt du
das?«

Moische: »Nun – ich habe mir ausgerechnet:
ein Unfall ist es nicht, ein Pech ist es auch

nicht, ein Unglück erst recht nicht – also was
kann es schon sein als eine Tragödie?«

Warum gehen die Juden nicht gern zur
Kavallerie?
    Da hams ka Rabbiner.

Zwei jüdische Kriegslieferanten aus dem
Ersten Weltkrieg. Schlojme erzählt seinem
Konkurrenten Mojsche: »Laß dir erzählen.
Ich hab angeboten der Armee einen Posten
Gasmasken – nur Gott und ich wissen,
daß sie sind schlecht und lassen durch das
Gas! Was tut der Kriegsminister? Läßt mich
umschnallen eine Maske und steckt mich zur
Probe in eine Gaskabine. Ich hab schon
verrichtet meine Sterbegebete – aber nix is
mir geschehen! Mojsche, das war e Wunder!«
    »Es war ka Wunder«, sagt Mojsche, »wo ich
doch hab geliefert das Gas!«

»Du willst ein Uhrmacher sein? Einen Dreck ist deine Arbeit wert! Als ich dir die Uhr brachte, ging sie schlecht – aber sie ging. Jetzt geht sie überhaupt nicht mehr!«

Uhrmacher, erbleichend: »Gott soll mich strafen, wenn ich sie auch nur angerührt habe!«

Im kommunistischen Polen. Der Lehrer erzählt, wie die Welt in Jahrmillionen entstand.

In der nächsten Stunde fragt er: »Jasiek, wie ist die Welt entstanden?«

»Gott hat sie erschaffen, Herr Lehrer.«

»Unsinn! Mieczyslaw! Sag du es!«

»Gott hat sie erschaffen, Herr Lehrer.«

»Was soll das! Mojsche, sag du es ihnen!«

»Die Welt wurde tatsächlich von Gott erschaffen, Herr Lehrer.«

»Aber du weißt doch, daß es keinen Gott gibt!«

»Ja, Herr Lehrer, aber damals gab es ihn noch!«

Jugoslawien. Tito, empört über die vielen Witze über sein Regime, läßt den Urheber ausforschen. Es ist Herr Kohn aus Zagreb.

Er wird vor Tito gebracht, der ihn anfährt: »Wie kannst du nur solche Witze machen, wo doch unter meiner gerechten Herrschaft Jugoslawien ein freies und glückliches Land ist!«

Darauf Kohn: »Herr Präsident, *der* Witz ist nicht von mir!«

Koppel zu seinem Weinlieferanten: »Weißt du den Unterschied zwischen den Juden in Babylon und dir?«

»Nu?«

»Die Juden in Babel saßen beim Wasser und weinten – und du sitzt beim Wein und wässerst.«

In Krotoschin wurde die Stelle des Schammes vakant.

Leib Geliebter bewarb sich, wurde aber abgewiesen, weil man meinte, ein Schammes sollte wenigstens lesen und schreiben können. Leib wanderte aus nach Berlin. Dort reüssierte er so, daß er im Ersten Weltkrieg schon Direktor einer Beschaffungsgesellschaft war. Er handelte mit einem Ministerialdirektor einen Vertrag aus, den dieser seufzend unterschrieb: Dann zeichnete Leib mit vier Kreuzen. »Aber Herr Geliebter«, meinte der Beamte, »unterzeichnen Sie doch mit Namen!«

»Ich kann wirklich nicht lesen und schreiben!«

»Gott, was hätte aus Ihnen noch werden können, wenn Sie lesen und schreiben gelernt hätten!«

»Nu, höchstens Schammes in Krotoschin.«

»Sagen Sie, Herr Geliebter, was bedeutet das vierte Kreuz?«

Geliebter, stolz: »Das heißt: Dr. phil. h.c.«

Kopstein ist in einen Prozeß verwickelt.
Er muß verreisen und bittet den Anwalt, ihn
telegraphisch auf dem laufenden zu halten.
Der Anwalt schickt die Freudenbotschaft:
»Die gerechte Sache hat gesiegt!«

Kopstein telegraphiert entsetzt zurück:
»Sofort Widerspruch einlegen!«

Ein kleiner Wanderzirkus gastiert in einem
galizischen Städtchen. Ein armer Jude schaut
beim Aufbau des Zeltes zu.

»Willst du etwas verdienen?« fragt ihn der
Zirkusdirektor, »mir ist mein Löwe krepiert.
Du könntest sein Fell anziehen und dem
Publikum ein paar Kunststücke vormachen.«
Der Jude ist mit Freuden bereit.

Am Abend tritt er, kostümiert als Löwe,
stolz in die Arena. Da sieht er, wie sich
ein gewaltiger Bär ihm entgegenwälzt, und
schreit entsetzt: »Schma Israel!«

Der Bär brummt vorsichtig zurück:
»Adonai Elohenu, Adonai echad!«

Nach dem Ersten Weltkrieg fragt ein Jude einen Spekulanten um Rat, ob er vielleicht polnische Zloty kaufen soll.

»Nein, die werden fallen«, warnt der Fachmann.

Der Jude kauft dennoch – und verliert.

»Soll ich rumänische Lei kaufen?« fragt er jetzt.

»Nein, sie werden auch fallen«, sagt der Spekulant.

Der Jude kauft und verliert wieder.

»Was soll ich jetzt tun?« will er von dem Fachmann wissen.

»Mich am Nabel lecken«, rät dieser.

»Was soll das heißen?«

»Nu – du tust doch immer das Gegenteil von dem, was ich rate – in diesem Falle wird es genau richtig herauskommen!«

»Grün, ich bin in einer momentanen Verlegenheit. Kannst du mir aushelfen mit zehntausend Schilling?«

»Dir gesagt, lieber Blau, ich kann.«

»Was nimmst du Perzente?«

»Neun.«

»Neun! Bist du meschugge? Wie kannst du nehmen von einem Glaubensgenossen neun Perzente! Was soll Gott denken von dir, wenn er schaut von oben herunter?«

»Nebbich, wenn Gott schaut von oben herunter, sieht für ihn die Neun aus wie a Sechs!«

Bahngespräch: »Ich wette einen Gulden, ich weiß, weshalb Sie nach Wien fahren.«

»Na – weshalb?«

»Sie wollen sich mit Ihren dortigen Gläubigern ausgleichen.«

»Da haben Sie Ihren Gulden.«

»Wie – ich habe es wirklich erraten?«

»Nein. Aber Ihr Einfall ist mir einen Gulden wert.«

»Wann wirst du mir endlich deine Schulden bezahlen?«

»Woher soll ich das wissen? Bin ich ein Prophet?«

Rechtsanwalt Kohn zum Schwiegersohn, der ebenfalls Rechtsanwalt ist:

»Mitgift hat meine Rebekka keine. Aber ich übergebe dir einen Erbschaftsprozeß, bei dem es viel zu verdienen gibt!«

Vier Monate später sagt der Schwiegersohn stolz: »Papa ich hab' den Prozeß gewonnen!«

Kohn, entsetzt: »Was, du Trottel?! Von dem Prozeß hab' ich fünfzehn Jahre gelebt!«

»Mein Vetter schuldet Ihnen seit drei Jahren seinen Anzug.«

»Ah, Sie kommen, um ihn zu bezahlen?«

»Nein, ich wollte nur fragen, ob Sie für mich zu den gleichen Konditionen arbeiten können.«

לאשר אל קדוש השב את גוף שמשני

Zu einem Rabbiner, dessen Bestechlichkeit bekannt war, kommen zwei in einer Streitsache. Der eine von ihnen zeigt dem Rabbiner heimlich eine Münze.

»Ich *sehe*«, sagt der Rabbiner, »daß Sie recht haben ...«

Der zweite, noch klüger als der erste, schiebt dem Rabbiner eine Münze in die Hand.

»... aber ich *fühle*«, fährt der Rabbiner zum zweiten gewendet fort, »daß *Sie* recht haben«.

»Sie sind aus Pinne? Eine schreckliche Stadt. Es gibt dort nicht *einen* anständigen Menschen!«

»Was reden Sie für Unsinn! Ich kann Ihnen im Handumdrehen ein Dutzend aufzählen!«

»Na – also los!«

»Nun, da hätten wir gleich ... ich meine ... oder vielleicht ... Sagen Sie, muß der Mann unbedingt aus Pinne sein?«

Mojsche steht im Ruf, klügere Ejzes,
Ratschläge, zu erteilen als der teuerste Advokat.
Er läßt sich für seine Ejzes aber auch
bezahlen.

Eine Frau kommt zu Mojsche:

»Ich habe kein Geld, meine Tochter zu
verheiraten. Helft mir!«

»Ich werde Euch helfen. Ihr leiht Euch
schöne Kleider und Schmuck und fahrt nach
Wien. Dort laßt Ihr Euch beim teuersten
Juwelier eine riesige Auswahl echten Schmuck
vorlegen, und dann tut Ihr so, als nähmt Ihr
plötzlich eine Handvoll von den Schmuck-
sachen und rennt hinaus. Aber hütet Euch,
etwas zu nehmen! Der Juwelier wird Euch
nachlaufen und die Polizei herbeirufen. Man
wird nichts bei Euch finden. Ihr nehmt Euch
einen Advokaten und droht mit Beleidigungs-
klage. Dann wird Euch der Juwelier sicher
Geld geben, um die unangenehme Sache
los zu sein. Und Ihr habt die Mitgift für Eure
Tochter.«

Die Jüdin befolgt den Rat und alles gelingt. Auf der Hochzeit der Tochter erzählt sie ihrer Freundin, daß Mojsche ihr so schön geholfen hat. Die Freundin hat auch eine heiratsfähige Tochter, und also geht sie zu Mojsche.

»Ich will Euch ebenfalls helfen« verspricht Mojsche. »Ihr macht es wie Eure Freundin, kleidet Euch elegant, behängt Euch mit teurem geliehenem Schmuck und geht zu demselben Juwelier in Wien, wie Eure Freundin. Aber Ihr *tut* nicht nur so, als nähmt Ihr eine Handvoll von dem Schmuck, sondern Ihr nehmt ihn *wirklich*, und dann rennt Ihr davon …«

Die Freundin befolgt den Rat. Kaum rennt sie hinaus, da wollen die Angestellten des Juweliers ihr nachrennen und sie packen. Der Chef aber sagt schadenfreudig: »Halt! Den Trick kenne ich schon! Zweimal falle ich nicht herein! Soll sie nur laufen!«

So war auch der zweiten Frau geholfen.

Der falsche Verdacht.

Leibischl, der Enkel des Kislowitzer Wunderrabbi, wurde allgemein der »Ssojcher«, Kaufmann, genannt, weil er als einziger aus der ganzen Rabbinerdynastie sich mit Handel ernährte.

Einmal zahlte er bei einer Bank mit einem falschen Wechsel. Man rief ihn herbei und es kam zu erregten Debatten. Da kam plötzlich einer der Bankinhaber auf die Idee: vielleicht hat Leibischl selber das Gerücht ausgestreut, der Wechsel sei falsch, damit man ihm, Leibischl, rasch einen billigen Vergleich vorschlage – und am Ende ist der Wechsel in Ordnung?

Leibischl wurde bleich. »Ihr wißt doch«, sagte er, »wer ich bin und wer meine Vorfahren waren! Wie könnt ihr mich so verdächtigen! Ich schwöre, der Wechsel ist wirklich falsch!«

Sammy ist in den Hitlerjahren nach Melbourne ausgewandert und versucht sein Glück mit einem kleinen Delikateßwarenladen, genau gegenüber dem Italiener Antonio. Antonio, verärgert über die neu zugewachsene Konkurrenz, hängt ein Schild heraus: »Schinken nur 50 Cents pro Pfund«.

Sammy pariert mit »40 Cents pro Pfund«.

Antonio geht prompt auf 35 Cents herunter, Sammy offeriert Schinken zu 30 Cents.

Jetzt platzt Antonio die Geduld. Er rennt zu Sammy hinüber und klagt bitter: »Wenn du die Preise weiter so drückst, gehen wir beide pleite!«

Darauf Sammy: »Wieso ›wir beide‹? *Du* gehst pleite. Ich habe nur koschere Artikel und verkaufe keinen Schinken!«

Itzig Diamant ist im Café während des Kartenspiels plötzlich tot zusammengebrochen. Große Verlegenheit. Wer soll der Frau die Nachricht bringen? Schließlich erklärt sich einer bereit, es ihr schonend beizubringen. Er geht hin, läutet. Sie öffnet.

»Guten Tag, Frau Diamant. Ich komme aus dem Stammcafé Ihres Gatten.«

»Der Lump sitzt sicher dort und spielt Karten.«

»Jawohl, er sitzt dort und spielt Karten.«

»Am Ende hat er wieder verspielt.«

»Ich glaube, er hat wirklich verspielt.«

»Er hat womöglich sehr viel verspielt.«

»Ich fürchte, er hat sehr viel verspielt.«

»Der Schlag soll ihn treffen, den Tagedieb!«

»Von Ihrem Mund in Gottes Ohr –
er hat ihn schon getroffen.«

Schapiro ist gestorben. Die Nachbarn kommen zur Witwe, um zu kondolieren.

»Ein so frommer Mann!« rühmt einer den Verstorbenen.

»Ja«, seufzt die Witwe, »wahrhaft fromm! Jeden Freitag vor Sabbatbeginn übergab er mir seine Geldtasche zum Wegsperren. Zwar hatte er meist schon am Nachmittag den letzten Heller beim Kartenspiel verloren. Aber das Prinzip, das Gesetz hat er sein Leben lang befolgt!«

»Sie reden mit Ihrem gebratenen Fisch?« fragt der Wirt.

»Ja, wissen Sie, vor drei Monaten ist mir ein Freund ertrunken, man hat aber seinen Leichnam nicht finden können. Ich habe den Fisch gefragt, ob er vielleicht etwas darüber weiß.«

»Hat er geantwortet?«

»Ja, er hat gesagt, er weiß keine Neuigkeiten, er liegt schon zu lange hier im Restaurant.«

Hersch stellt seine Frau einem ehemaligen Mitschüler, David, vor.

David nimmt ihn beiseite und flüstert:

»Was ist dir eingefallen, so etwas Mieses zu heiraten? Ein knochiges Gestell und ein sauertöpfiges langes Gesicht und fast keine Haare, und halb blind scheint sie auch zu sein!«

Hersch: »Du kannst ruhig laut reden: taub ist sie auch!«

Der Schadchen hat den vorgesehenen Bräutigam in die Familie des jungen Mädchens eingeführt und flüstert ihm zu:

»Sehen Sie doch bloß das viele schwere Silber!«

Bräutigam, mißtrauisch: »Am Ende ist es gepumpt!?«

Schadchen, entrüstet: »Unsinn! Wer pumpt denn denen!«

Der ortsansässige Schadchen, der Heiratsvermittler, hat einem durchreisenden jungen
Mann ein Mädchen angetragen. Der junge
Mann meint: »Die Partie gefällt mir. Bloß:
ich fürchte, daß Mädchen wird Einwände
gegen meine Familie haben.«

Der Schadchen: »Pferdediebe?«

»Nein.«

»Ein Meschumad *(Täufling)* in der Misch-
poche?«

»Nein.«

»Also was in aller Welt?«

»Mein Weib.«

»Woran ist Ihre Frau gestorben?«

»Sie hat zu rasch gelebt. Als ich sie heiratete,
war sie fünf Jahre jünger als ich – und nach
ihrem Tod hab ich erfahren, daß sie ist zehn
Jahre älter als ich!«

Kohn feiert silberne Hochzeit. Großer Klimbim und Tumult. Aber endlich sind die Gäste weg. Kohn sitzt traurig an der unabgeräumten Festtafel. Da sagt seine Frau, die silberne Braut, zu ihm: »Aber Moritz, jetzt ist doch der ganze Lärm überstanden. Was biste so betropetzt?«

»Ich will dir die Wahrheit sagen, Sara: Nach fünf Jahren Ehe konnte ich dich nicht mehr ertragen und wollte dich erschlagen.
Ich bin zu meinem Anwalt gegangen und habe ihn gefragt, was ich dabei riskiere.
Er sagt: Zwanzig Jahre … Und siehst du: heute, heute wär' ich frei!«

Levy brütet über einem hebräischen Folianten.

»Der Weise«, liest er, »sündigt siebenmal am Tag.«

Levy, zweifelnd: »Der Weise prahlt ganz schön!«

Menasse liegt im Sterben. Sagt er zu seiner Frau: »Saraleben, ich mach' mir Sorge um das Geschäft, wenn ich werde tot sein. Schau, der Verkäufer Leopold ist ein tüchtiger Mann. Heirate ihn —«

Unterbricht ihn Sara heulend: »Mach dir keine Sorgen, der Leopold und ich sind schon verlobt.«

Ein Ehepaar will sich scheiden lassen, alles soll gerecht geteilt werden – aber es sind fünf Kinder da.

Der Rebbe klärt und entscheidet: »Bleibt noch ein Jahr zusammen! Dann habt ihr sechs, und jeder bekommt drei!«

Der Mann: »Und wenn sie nun Zwillinge bekommt?«

Die Frau: »Schaut mir den Zwillingsmacher an! Ich hätte auch die fünf nicht, wenn ich auf ihn gewartet hätte!«

Die alte Sara Herschkowitz kommt zum berühmten Kunstmaler um sich porträtieren zu lassen: »Ich möcht' schon ein wenig jünger aussehen.«

»Nu, das wird nicht leicht sein.«

»Dann möcht' ich haben e schönen Ring am Finger, e großen Brillanten mit lauter Rubinen drum rum.«

»Es wird Mühe machen und Geld kosten!«

»Ist nicht wichtig. Ich möcht' haben auch e Kollier mit die gleichen Steine, nur ein weniges größer.«

»Es wird viel Mühe machen und noch mehr kosten!«

»Macht nix. Aber ich möcht' auch haben gemalt e Diadem, vielleicht nicht so groß wie das von der Kaiserin Elisabeth.«

»Aber das wird alles so viel kosten, jung, Ring, Kollier, Diadem, daß Se sich könnten kaufen fast die ganzen Juwelen und haben Freude daran!«

»Macht nix!. Sehn Se, ich bin e alte Frau. Ich werd' sterben. Mein Mann wird wieder heiraten. Wird der Schlemihl nehmen eine zu Zwanzig. Möcht' ich hören, was se ihm sagen wird, weil er ihr nicht gibt den Schmuck!«

Die Frau kommt zum Rabbiner. Sie will sich scheiden lassen.

»Weshalb denn?« will der Rabbiner wissen.

»Ich habe den Verdacht«, äußert sie finster, »der letzte Sohn ist nicht von meinem Mann.«

Ein katholischer Priester kommt zu Finger, dem jüdischen Medizinprofessor für Haut- und Geschlechtskrankheiten, mit einem bösartigen Ausschlag. Finger sagt: »Ja, Hoch-würden, das ist eine Syphilis.«

Der Priester: »Wie kann das nur kommen? Ich bete nur, faste und kasteie mich.«

Finger: »Das mag im Himmel *Ausschlag*-gebend sein, aber nicht auf Erden.«

Das Leben will bewältigt sein

Krakower: »Bitte eine Fahrkarte nach Hamburg!«

Schalterbeamter: »Über Uelzen oder über Stendal?«

Krakower: »Über Pessach.«

Im überfüllten Gasthaus wird einem Juden ein Zimmer angewiesen, wo bereits ein Offizier schläft. Er solle sehr leise sein, bittet der Wirt, der Offizier ist von Manövern ermüdet …

Der Jude kleidet sich im Dunklen aus; kleidet sich dann, da er zum Frühzug will, auch im Dunklen wieder an und geht.

Auf der Straße salutieren ihm alle Soldaten. Was hat das nur zu bedeuten? Als er am Bahnhof in einen Spiegel blickt, geht ihm ein Licht auf: er trägt die Uniform eines Leutnants!

»Der Teufel soll den Wirt holen!« ruft er empört aus. »Er hat statt meiner den Leutnant geweckt!«

Elkisch erzählt dem Rabbi seine großen Sorgen: »Ich weiß nicht, was ich tun soll. Allmählich muß ich mich entschließen, meinen kleinen Sohn in die amtlichen Geburtslisten einzutragen. Und nun: Trage ich ihn älter ein, als er ist, dann muß er am Ende dienen, wenn er noch viel zu zart und zu schwach ist dafür. Melde ich ihn wiederum jünger an, als er ist – dann nehmen sie ihn womöglich zu den Soldaten, wenn er bereits Weib und Kinder hat!«

»Vielleicht meldest du ihn einfach genauso alt an, wie er ist?«

»Eine großartige Idee! Das wäre mir nicht eingefallen!«

»Kellner! A Hasenbraten will ich. Aber ich will mir nicht zerbrechen die Zähn. Können Sie mir versichern, daß der Hase nicht geschossen worden ist mit Schrot?«

»No na – die Pulsadern wird er sich aufgeschnitten haben!«

Im Bahncoupé spürt ein Offizier plötzlich einen Floh, von dem er vermutet, daß er von dem Juden vis-à-vis kommt. Er knipst ihn mit der Bemerkung »Deserteur!« zum Juden hinüber.

Der Jude, indem er den Floh zurückknipst: »Zurück zur Armee!«

Stellungsbau. Kohn hat sein Schützenloch schon zwei Meter tief gegraben. Der General erscheint und sagt: »Kohn, warum so tief? Du wirst den Feind nicht sehen!«

Kohn: »Bin ich neugierig?«

Die Kompanie steht zum Sturmangriff bereit: Das Signal ertönt, und alles stürzt vor. Nur Levy läuft nach hinten.

Der Hauptmann greift ihn: »Da vorn steht der Feind!«

Levy: »Nu, me wird doch noch en Anlauf nehmen dürfen!«

In Biljursk bekamen die Juden den Befehl, den Distrikt zu räumen und alle Kultgegenstände dazulassen. Nun war es aber kurz vor Rosch-Haschana, dem jüdischen Neujahr, an welchem der Schofar, das Widderhorn, geblasen werden muß. Die Juden jammerten.

Der Rebbe: »Ich nehme den Schofar mit.«

»Rebbe, man wird Euch nach Sibirien deportieren!«

»Habt keine Angst!« beruhigte der Rebbe …

Beim Auszug aus Biljursk saß der Rebbe still im Wagen, neben ihm lag offen der Schofar.

»Habt Ihr Kultgegenstände bei Euch?« fragen die Grenzposten.

Der Rebbe schwieg.

»Ob Ihr Kultgegenstände mitführt?« schrie der Kosakenoffizier.

Der Rebbe schwieg wieder.

»Antwortet!« schrie der Offizier außer sich vor Zorn.

Da hob der Rebbe den Schofar an sein Ohr und fragte: »Was haben Sie gesagt? Ich bin leider taub.«

Im kommunistischen Ungarn. Itzik kommt zum Rabbi gerannt: »Rabbi, hast du schon gehört? Die Russen sind auf den Mond geflogen!«

Der Rabbi begeistert: »Was du nicht sagst?! Alle?«

»Sigi, was ist eigentlich eine richtige Spekulation?«

»No, schau, Eier stehen hoch im Preis, da machst du eine Hühnerfarm; es kommt eine Überschwemmung und alle Hühner versaufen. Enten hättste züchten müssen!«

»Levy, wozu sind Sie hierher zum Viehmarkt gefahren?«

Levy: »Was weiß ich. Vielleicht habe ich Glück, und es nimmt mich einer gratis auf seiner Fuhre mit nach Hause.«

Krieg. Ernährungsknappheit, strenge Überwachung des Schwarzmarktes.

Mendel verkauft Gänse à 200 Kronen das Stück und floriert. Sein Nachbar will es nachmachen. Er annonciert; da kommt die Polizei und beschlagnahmt ihm seine Gänse.

»Mendel«, fragt der Nachbar, »wieso kommt die Polizei nicht zu dir? Du verkaufst doch auch deine Gänse à 200 Kronen!«

»Was hast du denn annonciert?« fragt Mendel.

»Gänse à 200 Kronen zu verkaufen.«

»No – wenn du es so dumm anstellst! Ich annonciere immer: ›Am Sonntag 200 Kronen am Kirchplatz verloren. Der ehrliche Finder erhält eine Gans.‹ Am nächsten Tag hat dann jeweils die halbe Stadt meine 200 Kronen gefunden.«

Der alte Menazbach, Inhaber eines bescheidenen Ladens, liegt im Sterben. Sein Augenlicht ist bereits fast erloschen. Die Familie umsteht ehrfürchtig sein Lager. Mit letzter Kraft beginnt Menazbach noch einmal zu sprechen: »Rifke, mein Weib, bist du da?«

»Ja Kroinele!«

»Jakob, mein Sohn, bist du da?«

»Ja, Vater.«

»Lea, meine Tochter, bist du da?«

»Ja, Vater.«

»Rahel, meine Tochter, bist du da?«

»Ja, Vater.«

Da richtet sich der Alte mit letzter Kraft zornig auf und schreit: »Und wer ist im Geschäft?«

»Was kostet diese Hose?«

»In unserem Geschäft haben wir feste Preise. Ich sage Ihnen daher nicht zwanzig, nicht achtzehn, nicht sechzehn Rubel. Aber weniger als fünfzehn Rubel nehme ich nicht.«

»Und ich sage Ihnen nicht fünf, nicht sieben und nicht neun Rubel. Aber mehr als elf Rubel gebe ich für die Hose nicht!«

Ladenchef zum Laufburschen: »Chaim, pack ein die Hose!«

Neben dem Bankhaus Rothschild steht der arme Straßenhändler Schmiehl und bietet Äpfel feil.

Ein Bekannter kommt vorbei und bittet: »Borg mir 20 Schilling, nur bis Freitag!«

Schmiehl, bedauernd: »Ich würde es gern tun, so wahr Gott mir helfen möge! Aber ich habe mit Rothschild eine Abmachung auf Ehrenwort: Er verkauft keine Äpfel, und ich verleihe kein Geld.«

Der alte Sonnenschein liegt im Sterben.
Mühsam flüstert er seinem Sohne zu:
»Ich übergebe dir mein Geschäft. Halte dich an
zwei unabdingbare Prinzipien: Ehrbarkeit
und Weisheit. Ein Beispiel für Ehrbarkeit:
Wenn du eine Lieferung auf einen bestimmten
Termin zugesagt hast, mußt du liefern,
auch wenn die Welt untergeht!«

Sohn: »Und ein Beispiel für Weisheit?«

Sonnenschein: »Die Weisheit lehrt:
Wer hat dich Trottel geheißen, etwas fest
zu versprechen?«

Sara, eine neugierige Jüdin, fragt ihre
Nachbarin:

»Wovon lebt der junge Mann, der bei
Euch wohnt?«

»Er schreibt – und es geht ihm sehr gut.«

»Was schreibt er? Lieder? Romane?«

»Nein, er schreibt Briefe an seinen
reichen Vater.«

New York. Meyer von der Anwaltsfirma Meyer & Cohn wohnt im gleichen Villenviertel wie Lifschitz. Sie treffen sich zufällig an der Stadtbahnstation.

Lifschitz fragt freundlich: »Wie beurteilen Sie die Börse?«

Darauf Meyer: »Ich kann natürlich irren, aber mir scheint, man kann auf Hausse spekulieren.«

Am anderen Tag hält Lifschitz eine Rechnung von Meyer & Cohn über 500 Dollar für fachliche Beratung in den Händen.

Zwei Tage später fragt Lifschitz den Meyer: »Wie beurteilen Sie die Zukunft des Währungssystems?«

Darauf Meyer: »Ich halte es für möglich, daß wir die Goldparität aufgeben werden.«

Am andern Tag findet Lifschitz eine Rechnung von Meyer & Cohn über 800 Dollar im Briefkasten.

Wieder ein paar Tage später begegnen sich die beiden abermals bei der Station.

»Guten Morgen«, sagt Lifschitz, »mir scheint,

es wird regnen. Aber denken Sie daran:
Ich *sage* es Ihnen, ich *frage* Sie nicht danach!«

»Der Rabbi sagt, ich soll nicht saufen.
Der hat gut reden. Ich trinke nur, um meine
Sorgen zu ersäufen.«

»Und sind sie noch nicht ertrunken?«

»Nein – je mehr ich trinke, desto rascher
schwimmen sie immer wieder an die Ober-
fläche.«

Awrom kommt ins Wirtshaus, bestellt einen
Schnaps nach dem anderen und bekreuzigt sich
jedesmal.

»Warum tust du das? Du bist doch Jude!«
flüstert der Rabbi ihm zu.

»Eben darum«, erklärt Awrom, »es geht mir
um den guten Ruf meiner Glaubensbrüder.
Es soll keiner sagen, er habe einen Juden saufen
sehen!«

Eine arme galizisch-jüdische Gemeinde bittet einen reichen Lemberger Kohlenhändler, er möchte ihr sechs Waggon Kohle spenden. Der Kohlenhändler antwortet: »Schenken kann ich euch nichts, aber ich bin bereit, euch die Kohlen zum halben Preis zu lassen!«

Die Gemeinde ist einverstanden und bestellt drei Waggons.

Als nach drei Monaten weder Zahlung noch Nachbestellung kommt, schickt der Händler eine Mahnung.

Die Gemeinde antwortet: »… uns ist Ihre Mahnung unverständlich. Sie haben uns sechs Waggons zu halbem Preis offeriert, das entspricht drei Waggons. Diese haben wir bezogen, auf den Rest erheben wir keinen Anspruch.«

»Schwiegerpapa, du hast dich so großartig emporgearbeitet! Wie muß ich es machen, um auch so reich zu werden?«

»Ich will dir offen sagen: Ehrlich währt's am längsten.«

»Warum willst du den Kohn nicht als Prokuristen?«

»Weil er mit meiner Frau verlobt war und sie sitzenließ – ich kann keinen Angestellten brauchen, der klüger ist als ich!«

Schmerl kommt zu seinem Freund Berl ins Büro: »Berl, dreimal hab' ich dir geschrieben, ob du mir 100 Gulden leihen kannst. Du schuldest mir doch wenigstens eine Antwort!«

Berl: »Besser, ich schulde dir eine Antwort, als du schuldest mir 100 Gulden.«

Einmal bemerkte der Rabbiner von Neutra, einem als Ganovennest verschrieenen Nest, vor Beginn des Gottesdienstes, daß der Schrank mit den Torarollen abgeschlossen war. Er drehte sich zur Gemeinde um und fragte höflich: »Hat vielleicht einer der geehrten Herren Gemeindemitglieder seine Dietriche bei sich?«

Der arme Hausierer Joschke zieht am Freitag nachmittag mit dem kärglichen Erlös seiner Wochenarbeit heimwärts. Im Walde überfällt ihn ein Räuber mit der Pistole: »Geld oder Leben!«

»Wovon soll ich aber weiter leben, wenn ich mein ganzes Geld abgebe!« jammert Joschke.

Der Räuber bleibt hart und fuchtelt mit der Pistole.

»Der Händler, der mir die Ware kreditiert, wird mir nicht glauben«, klagt Joschke. »Schieß mir wenigstens ein paar Löcher durch den Rock und den Hut, damit der Händler sieht, daß ich wirklich überfallen wurde!«

Der Räuber hat Mitleid und schießt bereitwillig.

»Noch ein Loch hierher!« bittet Joschke. Der Räuber schießt.

»Noch zwei Löcher durch den Ärmelzipfel!« fleht Joschke.

»Ich würde euch gerne den Gefallen tun«, versichert der Räuber, »aber ich habe keine Kugeln mehr.«

»Hast du keine Kugeln, hab ich kein Geld!«
sagt Joschke freudig und zieht seiner Wege.

Künftiger Schwiegervater zum Schadchen:
»Der junge Mann gefällt mir. Aber eine
Bedingung muß er mir erfüllen: er darf am
Schabbes nicht arbeiten.«

Schadchen: »Keine Angst! Er wird auch die
Woche über nicht arbeiten.«

Im gleichen Haus wohnen zwei Familien
Kohn.

Als Frau Kohn im oberen Stock stirbt, läuten
die Leichenbestatter irrtümlich im Parterre:

»Herr Kohn, wir kommen Ihre Frau holen!«

Kohn, freudig: »Sara, mach dich fertig!«

Nuchim: »Sie sind doch ein kluger Mann, Herr Rechtsanwalt: Was meinen Sie dazu, wenn ich vielleicht dem Herrn Richter kurz vor Beginn des Prozesses eine schöne fette Gans mit meiner Visitenkarte ins Haus schicke?«

Anwalt: »Sind Sie verrückt? Sie würden den Prozeß wegen Bestechungsversuch sofort verlieren!«

Der Prozeß findet statt, und Nuchim gewinnt. Am Tag darauf kommt er zum Anwalt und verkündet strahlend: »Ich habe Ihren Rat nicht befolgt damals, ich habe dem Richter die Gans doch geschickt!«

Der Anwalt, erbleichend: »Das ist doch nicht möglich!«

»Doch«, erklärt Nuchim, »bloß: ich habe die Visitenkarte meines Prozeßgegners beigelegt.«

Der reiche Herzfeld läßt ausrufen: »Meine Brieftasche mit 2000 Dollar darin ist mir abhanden gekommen. Dem ehrlichen Finder gebe ich 200 Dollar.«

Stimme aus dem Hintergrund: »Ich biete das Doppelte!«

Ein polnischer Jude läßt sich in einem eleganten New Yorker Juweliergeschäft eine brillantenbesetzte Schweizer Damenuhr zeigen und fragt nach dem Preis.

»1000 Dollar.«

»Sind sie verrückt? Ich gebe 100.«

»Scheren Sie sich hinaus!«

»Sie, werden Sie nicht frech! Für eine gestohlene Uhr ist das genug!«

»Gestohlen? Was fällt Ihnen ein?«

»Nu – schauen Sie selbst! Auf der Rückseite steht ›Genève‹, Diebstahl!«

(Verwechslung Genève = Genf mit jid. Geneve = Diebstahl)

Ein alter Jude will sich scheiden lassen.
Der Rabbi wundert sich: »Nach fünfzig-
jähriger Ehe?!«

Darauf der Ehemann: »Rebbe, sie hat
mir schon mißfallen, als ich sie unter der
Chupe, dem Traubaldachin, zum erstenmal sah.
Als ich es meinem Vater sagte, meinte er, man
dürfe die Braut nicht kränken, ich könnte mich
später scheiden lassen. Als ich mich dann aber
scheiden lassen wollte, stellte sich heraus, daß
die Frau ein Kind erwartete. Und jedes Jahr
kam ein neues Kind. Und als schließlich keine
Kinder mehr kamen, mußte man die Töchter
verheiraten, da hätte eine Scheidung der Eltern
einen zu schlechten Eindruck gemacht …

Gestern habe ich nun meine jüngste
Tochter verheiratet, und nun will ich
mich scheiden lassen. Gebt selber zu,
Rebbe: Wenn nicht jetzt – wann dann?!«

Pogrom im zaristischen Rußland. Eine Horde Kosaken hat im Estrichwinkel eine Mutter mit zwei Töchtern aufgestöbert. Die Kosaken brüllen vor Freude.

»Nehmt uns!« rufen die Töchter, »aber verschont unsere alte Mutter, habt Rachmones *(Erbarmen)* mit ihr!«

»Was heißt Rachmones?« protestiert die alte Dame mit Würde, »Krieg ist Krieg!«

Itzig, ich muß Vorhänge ans Fenster der Badestube machen. Gegenüber ist ein junger Offizier eingezogen. Der kann mich beim Waschen sehen!«

»Warte ab, Rebekka, bis er einmal herübergesehen hat. Vielleicht kauft *er* sich dann die Vorhänge.«

Kohn fährt mit seiner Frau mit ungenügenden Ausweispapieren über die Grenze.

Der Paßbeamte: »Können Sie beweisen, daß sie Ihre Frau ist?«

Kohn, seufzend: »Tausend Schilling für Sie, wenn Sie können beweisen, daß sie es *nicht* ist!«

Glossar

Bet-Hamidrasch	Schule, talmudische Bet- und Lernstätte
betropetzt	missmutig
Chammer	Esel (Schimpfwort)
Chasan	Vorbeter auch Kantor einer Synagoge
Chassid	Anhänger einer mystischen, wundergläubigen Bewegung
Chassidismus	unmittelbare Hingabe an Gott und seinen Willen
Chassidisch	mystisch, wundergläubig
Chuppa, Chup(p)e	viersäuliger Baldachin, unter den die Brautleute treten
Ejze, pl. Ejzes	Ratschlag
Gabbai	Angehöriger des Synagogen-vorstands
Ganav, Ganev	Ganove, Gauner, Dieb
Haman	persischer Minister unter Ahas-veros (Xerxes), wollte die Juden vernichten (Bibel: Buch Ester)
Jom Kippur	Tag der Sühne, hoher Buß- und Feiertag)
Kaddisch, Kadisch	das Totengebet

Kala, Kalle	Braut Schwiegertochter
koscher	rein, im Sinne der Speisegesetze und Reinheitsgebote
Maggid, Magid	Prediger, oft Wanderprediger
Melamed	Lehrer
Menuwel	Ekel, Scheusal
meschugge	verrückt
Nebbich	Unsinn, beschwörender Ausruf
Pejess, Pejeß	Schläfenlocken
Pessach	Achttägiges Fest des Erinnerns an den Auszug aus Ägypten
Rabbi, Rebbe	Meister, Anrede und Ehrentitel für religiösen Gelehrten
Raschmones	Erbarmen
Sabbat, Schabbat, Schabbes	Siebter Tag der Woche, heiliger Ruhetag
Schadchen	Heiratsvermittler
Schammes	Synagogendiener
Schnorrer	Bettler
Ssojcher	Kaufmann
Strajmel	(Samt)Mütze mit Pelzrand
Synagoge	Versammlungsort der Gemeinde
Talmud	Ergänzungsbuch zum mosaischen Gesetz
Talmudist	Gesetzesgelehrter
Teschuwa, Teschuwe	Buße, Reue
Tora	Die fünf Bücher Mose
trefe	rituell unrein, nicht koscher